Fritz Jansen · Uta Streit · Angelika Fuchs

Rechtschreiben lernen 1 nach dem IntraActPlus-Konzept

auch für Förderschule und Legasthenie-Therapie

Fritz Jansen
IntraActPlus
Neuried, Deutschland

Uta Streit
IntraActPlus
Neuried, Deutschland

Angelika Fuchs
Jork, Deutschland

ISBN 978-3-662-71258-0

Die Deutsche Nationalbibliothek verzeichnet diese Publikation in der Deutschen Nationalbibliografie; detaillierte bibliografische Daten sind im Internet über ► https://portal.dnb.de abrufbar.

Gestaltung/Layout: Matthias Heid, Neuried

Planung/Lektorat: Joachim Coch
Springer ist ein Imprint der eingetragenen Gesellschaft Springer-Verlag GmbH, DE und ist ein Teil von Springer Nature.
Die Anschrift der Gesellschaft ist: Heidelberger Platz 3, 14197 Berlin, Germany

Einführung

Wenn die Lehrgänge „Lesen lernen nach dem IntraActPlus-Konzept" und „Schreiben lernen nach dem IntraActPlus-Konzept" abgeschlossen sind, kann das Kind
- sicher lesen,
- die Buchstaben mit dem richtigen Schreibablauf sicher schreiben,
- einfache Wörter nach Diktat aufschreiben (z. B. „am", „im", „lila").

Jetzt kann mit diesem Rechtschreiblehrgang begonnen werden.

Die wichtigsten Lernziele dieses Rechtschreiblehrganges sind
- zu lernen, wie Wörter dauerhaft gespeichert werden,
- einen ersten Grundwortschatz sicher zu speichern,
- gespeicherte Wörter beim Schreiben von Sätzen aus dem Gedächtnis abzurufen.

Wichtig

Seiten mit blauer Hinterlegung sind für die Partnerarbeit zweier Kinder geeignet. Alternativ kann die Lehrkraft oder eine andere Bezugsperson diktieren.

Manche Kinder benötigen mehr Wiederholung. Es kann sein, dass für sie die Seiten in den Übungsheften nicht ausreichen. Für diese Kinder gibt es Kopiervorlagen der einzelnen Seitentypen zum Ausdrucken hier online:

Videoanleitungen und Seiten zum Ausdrucken finden Sie hier:
www.intraact.plus/lesen-und-schreiben

Informationen zum neurowissenschaftlichen Hintergrund finden Sie ebenfalls auf der angegebenen Webseite.

Dieser Rechtschreiblehrgang besteht aus 16 Lektionen (Lerneinheiten). In jeder Lektion lernt das Kind, acht neue Wörter sicher richtig zu schreiben – zunächst einzeln und anschließend in Sätzen. Das Material ist so aufgebaut, dass Sätze immer nur Wörter enthalten, die vorher bereits geübt wurden.

Jede Lektion besteht aus fünf aufeinander aufbauenden Lernschritten.

Zur Groß- und Kleinschreibung

Die Großschreibung der Substantive wird gleich mit gespeichert und mit buchstabiert: Beispielsweise „großes A, u, t, o". Bei Kleinbuchstaben wird nicht zusätzlich „klein" gesagt.

Die Lernschritte

Lernschritt 1: Die Rechtschreibung sicher speichern

Beispiel: Seite 3

- Das Kind liest das Wort.
- Es lässt sich Zeit, die Buchstabenfolge zu speichern.
- Danach deckt das Kind das Wort ab und buchstabiert es aus dem Gedächtnis. Je nach Arbeitssituation kann laut oder leise buchstabiert werden.
- Das Kind wiederholt das Buchstabieren so lange, bis es sich sicher fühlt.
- Dann wird das Wort erneut abgedeckt und aus dem Gedächtnis geschrieben.
- Das Kind vergleicht das geschriebene Wort mit der gedruckten Vorlage. Falsch geschriebene Wörter werden sofort durchgestrichen.
- Wenn das Wort falsch geschrieben wurde, prägt sich das Kind die richtige Schreibweise erneut gut ein.
- Das Wort wird erneut abgedeckt und wieder aus dem Gedächtnis geschrieben.

Zum Abdecken kann beispielsweise ein 3–4 cm breiter Pappstreifen angefertigt werden.

Lernschritt 2: Partnerarbeit Wörterdiktat

Kind 1 (alternativ eine erwachsene Bezugsperson) diktiert. Es hat die Seite mit den Lernwörtern vor sich liegen, die auch für Lernschritt 1 genutzt wurde.

Kind 2 schreibt. Es hat diese Seite vor sich liegen:

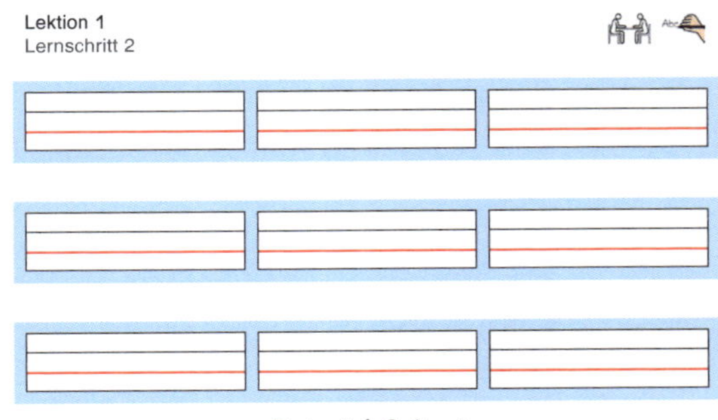

Beispiel: Seite 4

- Kind 1 liest das erste Wort vor (in unserem Beispiel das Wort „das“).
- Kind 2 buchstabiert.
- Kind 1 prüft, ob richtig buchstabiert wurde.
- Erst wenn Kind 2 das Wort sicher buchstabieren kann, schreibt es das Wort in das erste Kästchen.
- Bereits geschriebene Wörter werden abgedeckt, damit das Kind sie nicht einfach abschreibt, sondern immer wieder neu aus dem Gedächtnis abruft.

Für Kinder, die sich mit dem Speichern schwertun, empfehlen wir, die Zeilen horizontal zu füllen. Es wird also erst in die erste Zeile dreimal das Wort „das“ geschrieben, dann in die zweite Zeile dreimal das Wort „ist“ usw.

Kinder, die gut speichern, können die Zeilen von oben nach unten füllen. Es wird zunächst in das erste Kästchen der ersten Zeile das Wort „das“ geschrieben, dann darunter das Wort „ist“ usw.

Lernschritt 3: Sätze schreiben

Bevor die ersten Sätze geschrieben werden, werden diese beiden Regeln besprochen:

1. Am Anfang eines Satzes schreibt man groß.
2. Am Ende eines Satzes steht ein Satzzeichen (hier der Punkt).

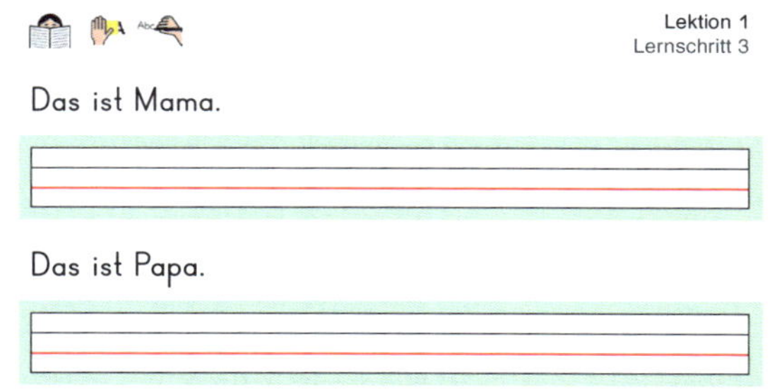

Beispiel: Seite 5

- Das Kind liest den Satz und merkt ihn sich.
- Der Satz wird mit dem Pappstreifen abgedeckt.
- Das Kind schreibt den Satz aus dem Gedächtnis auf.
- Es prüft, ob es alle Wörter richtig geschrieben hat.

Lernschritt 4: Partnerdiktat Sätze

Kind 1 (alternativ eine erwachsene Bezugsperson) diktiert. Es hat diese Seite vor sich liegen:

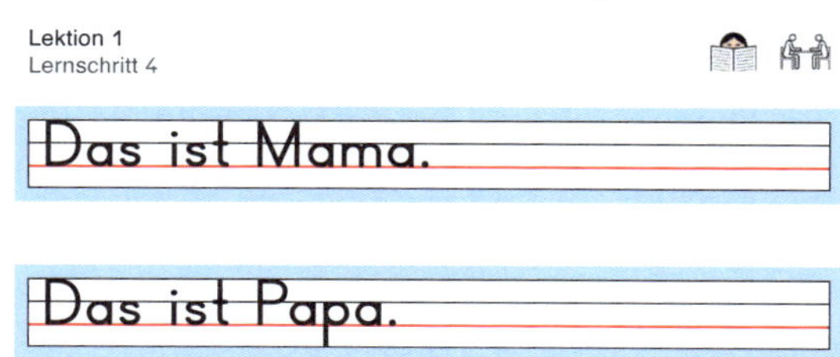

Beispiel: Seite 6 zum Vorlesen und Korrigieren

Kind 2 schreibt. Es hat diese Seite vor sich liegen:

Beispiel: Seite 7 zum Schreiben

- Kind 1 liest den ersten Satz langsam vor: „Das ist Mama.“
- Kind 1 liest noch einmal das erste Wort vor: „Das“
- Kind 2 erinnert sich an die gespeicherte Buchstabenfolge.
- Dann wird die Regel für den Satzanfang angewendet: „Am Anfang eines Satzes schreibt man groß.“ Hierbei kann Kind 1 noch eine Zeit lang helfen.
- Jetzt darf Kind 2 das Wort „Das“ aufschreiben.
- Nun wird das nächste Wort entsprechend diktiert und geschrieben.
- Schließlich wird die Regel für das Satzende angewendet: „Am Ende eines Satzes steht ein Satzzeichen (hier der Punkt).“ Hierbei kann Kind 1 noch eine Zeit lang helfen.
- Wenn ein Wort falsch geschrieben wird, macht Kind 1 sofort darauf aufmerksam. Das Wort wird durchgestrichen. Kind 2 soll sich die Buchstabenfolge des Wortes noch ein- oder mehrmals vorstellen und buchstabieren. Erst dann wird das Wort richtig aufgeschrieben.

Im Anschluss werden die richtig geschriebenen Wörter gezählt. Die falsch geschriebenen Wörter werden auf der Folgeseite angekreuzt.

Lernschritt 5: Falsch geschriebene Wörter noch einmal üben

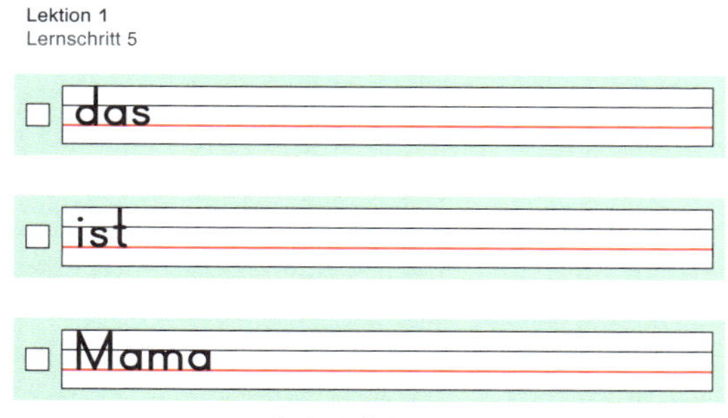

Beispiel: Seite 8

das

ist

Mama

Papa

im

Haus

rot

Auto

Abc

Das ist Mama.

Das ist Papa.

Mama ist im Haus.

Papa ist im Auto.

Das Auto ist rot.

Mama ist im Auto.

Das ist Mama.

Das ist Papa.

Mama ist im Haus.

Papa ist im Auto.

Das Auto ist rot.

Mama ist im Auto.

Du hast [ ] Wörter richtig geschrieben.

Kreuze auf der nächsten Seite die Wörter an, die du noch einmal üben solltest!

☐ das

☐ ist

☐ Mama

☐ Papa

☐ im

☐ Haus

☐ rot

☐ Auto

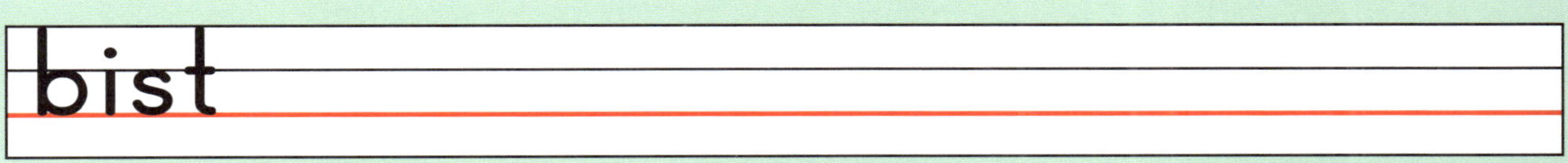

bin

ich

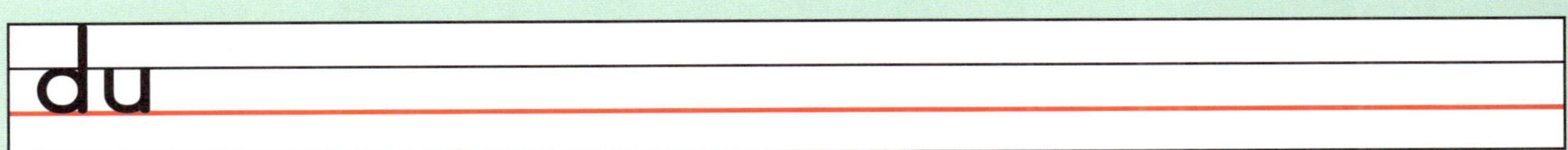

sind

wir

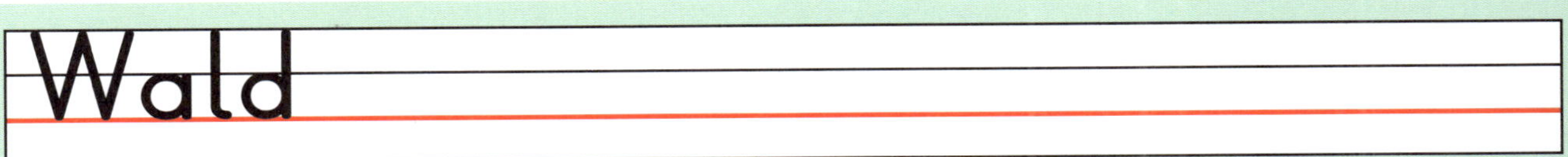

und

Abc

Das bin ich.

Das bist du.

Du bist im Wald.

Wir sind im Wald.

Papa und Mama sind im Haus.

Das bin ich.

Das bist du.

Du bist im Wald.

Wir sind im Wald.

Papa und Mama sind im

Haus.

Du hast ☐ Wörter richtig geschrieben.

Kreuze auf der nächsten Seite die Wörter an, die du noch einmal üben solltest!

☐ bist

☐ bin

☐ ich

☐ du

☐ sind

☐ wir

☐ Wald

☐ und

Oma

Opa

mag

Saft

ein

Ei

magst

Brot

Abc

Oma mag Saft.

Opa mag ein Ei.

Du magst Brot.

Du magst das Ei.

Ich mag Oma und Opa.

Oma mag Saft.

Opa mag ein Ei.

Du magst Brot.

Du magst das Ei.

Ich mag Oma und Opa.

Du hast [ ] Wörter richtig geschrieben.

Kreuze auf der nächsten Seite die Wörter an, die du noch einmal üben solltest!

Lektion 3
Lernschritt 5

☐ Oma

☐ Opa

☐ mag

☐ Saft

☐ ein

☐ Ei

☐ magst

☐ Brot

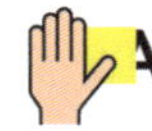

einen

Hund

ihr

hast

haben

hat

habt

habe

Abc

Ich habe ein Ei.

Du hast Brot.

Opa hat einen Hund.

Wir haben ein Auto.

Ihr habt ein Haus.

Ich habe ein Ei.

Du hast Brot.

Opa hat einen Hund.

Wir haben ein Auto.

Ihr habt ein Haus.

Du hast ☐ Wörter richtig geschrieben.

Kreuze auf der nächsten Seite die Wörter an, die du noch einmal üben solltest!

☐ einen

☐ Hund

☐ ihr

☐ hast

☐ haben

☐ hat

☐ habt

☐ habe

mein

Hase

klein

dein

sein

Hose

seine

eine

Abc

Das ist mein Hase.

Mein Hase ist klein.

Dein Hund ist im Haus.

Mein Hund ist im Wald.

Opa hat eine Hose.

Seine Hose ist rot.

Das ist mein Hase.

Mein Hase ist klein.

Dein Hund ist im Haus.

Mein Hund ist im Wald.

Opa hat eine Hose.

Seine Hose ist rot.

Du hast ☐ Wörter richtig geschrieben.

Kreuze auf der nächsten Seite die Wörter an, die du noch einmal üben solltest!

Lektion 5
Lernschritt 5

☐ mein

☐ Hase

☐ klein

☐ dein

☐ sein

☐ Hose

☐ seine

☐ eine

die

Bild

male

malst

malen

Blume

Ente

für

Lektion 6
Lernschritt 2

Wir malen ein Bild.

Ich male eine Blume.

Du malst eine Ente.

Die Ente ist klein.

Das Bild ist für Mama.

Wir malen ein Bild.

Ich male eine Blume.

Du malst eine Ente.

Die Ente ist klein.

Das Bild ist für Mama.

Du hast ______ Wörter richtig geschrieben.

Kreuze auf der nächsten Seite die Wörter an, die du noch einmal üben solltest!

Lektion 6
Lernschritt 5

☐ die

☐ Bild

☐ male

☐ malst

☐ malen

☐ Blume

☐ Ente

☐ für

Apfel

Äpfel

grün

am

Ast

Äste

zwei

drei

Ich male einen Apfel.

Papa malt einen Ast.

Du malst zwei Äste.

Papa malt drei Äpfel.

Seine Äpfel sind rot.

Deine Äpfel sind grün.

Ich male einen Apfel.

Papa malt einen Ast.

Du malst zwei Äste.

Papa malt drei Äpfel.

Seine Äpfel sind rot.

Deine Äpfel sind grün.

Du hast ☐ Wörter richtig geschrieben.

Kreuze auf der nächsten Seite die Wörter an, die du noch einmal üben solltest!

- [ ] Apfel
- [ ] Äpfel
- [ ] grün
- [ ] am
- [ ] Ast
- [ ] Äste
- [ ] zwei
- [ ] drei

neu

Regen

kalt

fünf

Nase

kaufen

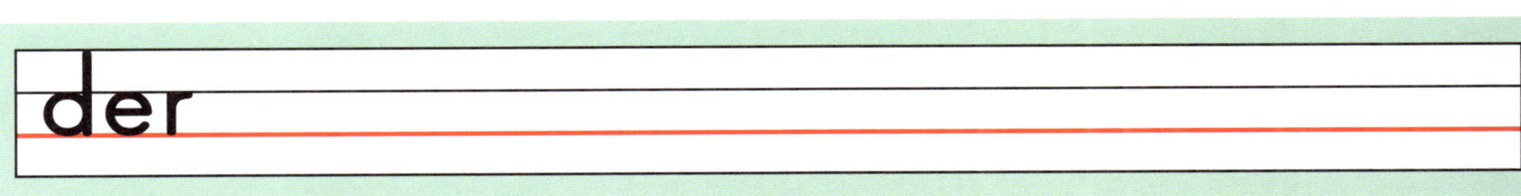

der

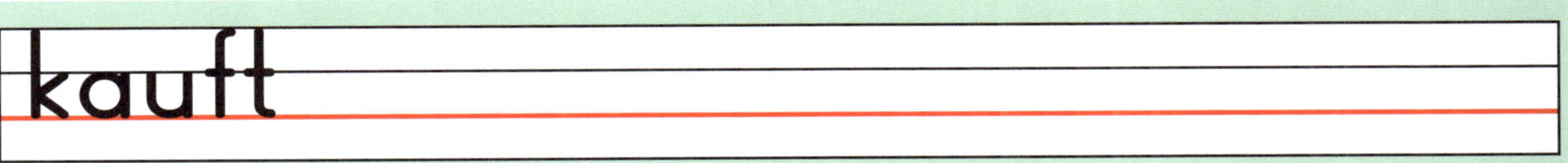

kauft

Lektion 8
Lernschritt 2

F. Jansen, U. Streit, A. Fuchs, *Rechtschreiben lernen 1 nach dem IntraActPlus-Konzept*

Papa kauft ein Auto.

Das Auto ist neu.

Du bist im Regen.

Der Regen ist kalt.

Meine Nase ist kalt.

Deine Nase ist rot.

Papa kauft ein Auto.

Das Auto ist neu.

Du bist im Regen.

Der Regen ist kalt.

Meine Nase ist kalt.

Deine Nase ist rot.

Du hast ☐ Wörter richtig geschrieben.

Kreuze auf der nächsten Seite die Wörter an, die du noch einmal üben solltest!

☐ neu

☐ Regen

☐ kalt

☐ fünf

☐ Nase

☐ kaufen

☐ der

☐ kauft

gelb

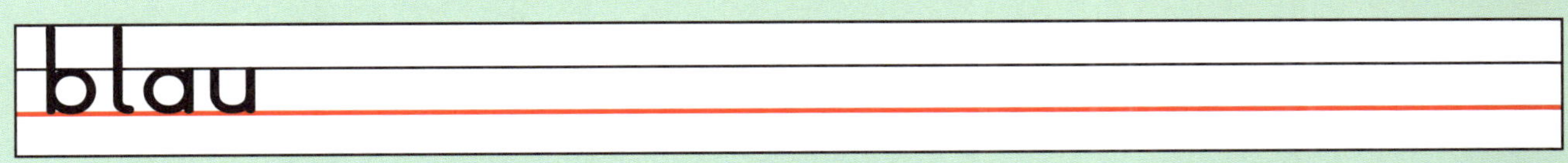

gut

Igel

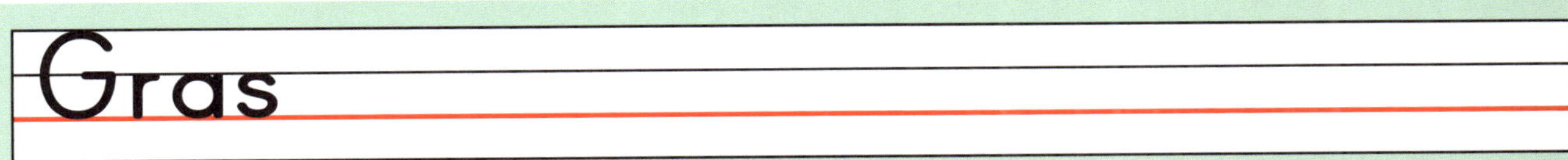

See

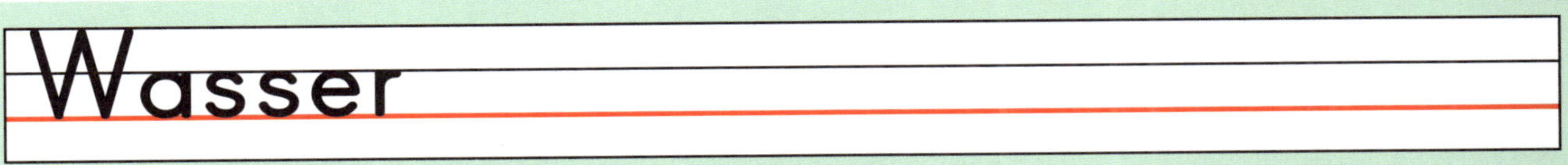

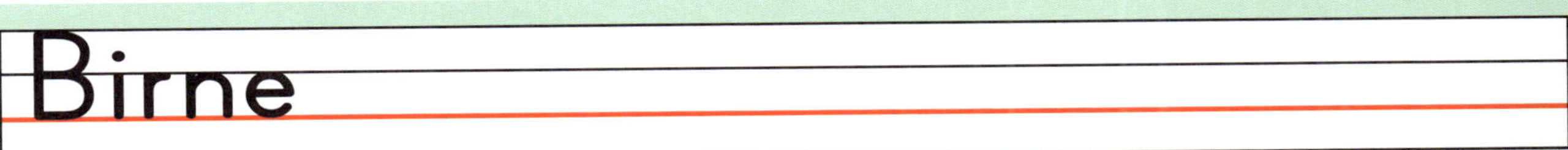

Du bist am See.

Das Wasser ist blau.

Das Gras ist grün.

Die Birne ist gelb.

Der Igel mag die Birne.

Die Birne ist gut.

Du bist am See.

Das Wasser ist blau.

Das Gras ist grün.

Die Birne ist gelb.

Der Igel mag die Birne.

Die Birne ist gut.

Du hast ☐ Wörter richtig geschrieben.

Kreuze auf der nächsten Seite die Wörter an, die du noch einmal üben solltest!

Lektion 9
Lernschritt 5

☐ gelb

☐ blau

☐ gut

☐ Igel

☐ Gras

☐ See

☐ Wasser

☐ Birne

Abend

Garten

dunkel

auch

Katze

leise

ganz

bellt

Lektion 10
Lernschritt 2

Es ist Abend.

Es ist ganz dunkel.

Im Garten ist eine Katze.

Die Katze ist ganz leise.

Im Garten ist auch ein Hund.

Der Hund bellt.

Es ist Abend.

Es ist ganz dunkel.

Im Garten ist eine Katze.

Die Katze ist ganz leise.

Im Garten ist auch ein Hund.

Der Hund bellt.

Du hast ☐ Wörter richtig geschrieben.

Kreuze auf der nächsten Seite die Wörter an, die du noch einmal üben solltest!

☐ Abend

☐ Garten

☐ dunkel

☐ auch

☐ Katze

☐ leise

☐ ganz

☐ bellt

hört

hören

aber

nicht

den

uns

rufen

ruft

Abc

Papa ruft den Hund.

Wir rufen den Hund auch.

Wir hören Papa.

Wir hören den Hund.

Aber der Hund hört uns nicht.

Papa ruft den Hund.

Wir rufen den Hund auch.

Wir hören Papa.

Wir hören den Hund.

Aber der Hund hört uns nicht.

Du hast [ ] Wörter richtig geschrieben.

Kreuze auf der nächsten Seite die Wörter an, die du noch einmal üben solltest!

☐ hört

☐ hören

☐ aber

☐ nicht

☐ den

☐ uns

☐ rufen

☐ ruft

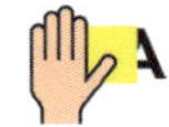

Schere

Schule

schneiden

mit

schreiben

schreibst

schneide

schön

Abc

Wir sind in der Schule.

In der Schule schreiben wir.

Du schreibst schön.

Ich schneide eine Blume aus.

Wir schneiden mit der Schere.

Wir sind in der Schule.

In der Schule schreiben wir.

Du schreibst schön.

Ich schneide eine Blume aus.

Wir schneiden mit der Schere.

Du hast [   ] Wörter richtig geschrieben.

Kreuze auf der nächsten Seite die Wörter an, die du noch einmal üben solltest!

- [ ] Schere
- [ ] Schule
- [ ] schneiden
- [ ] mit
- [ ] schreiben
- [ ] schreibst
- [ ] schneide
- [ ] schön

Raupe

Busch

sie

ganz

Käfer

schwarz

braun

Maus

Abc

Im Busch ist ein Käfer.

Der Käfer ist schwarz.

Im Busch ist eine Raupe.

Die Raupe ist braun.

Im Busch ist eine Maus.

Sie ist ganz klein.

Im Busch ist ein Käfer.

Der Käfer ist schwarz.

Im Busch ist eine Raupe.

Die Raupe ist braun.

Im Busch ist eine Maus.

Sie ist ganz klein.

Du hast ☐ Wörter richtig geschrieben.

Kreuze auf der nächsten Seite die Wörter an, die du noch einmal üben solltest!

☐ Raupe

☐ Busch

☐ sie

☐ ganz

☐ Käfer

☐ schwarz

☐ braun

☐ Maus

alt

älter

waschen

Tasche

Schuh

schon

wäscht

Salat

Meine Schuhe sind schon alt.

Deine Schuhe sind älter.

Wir waschen das Auto.

In der Tasche ist eine Birne.

Ich wasche die Birne.

Mama wäscht den Salat.

Meine Schuhe sind schon alt.

Deine Schuhe sind älter.

Wir waschen das Auto.

In der Tasche ist eine Birne.

Ich wasche die Birne.

Mama wäscht den Salat.

Du hast [ ] Wörter richtig geschrieben.

Kreuze auf der nächsten Seite die Wörter an, die du noch einmal üben solltest!

Lektion 14
Lernschritt 5

- [ ] alt
- [ ] älter
- [ ] waschen
- [ ] Tasche
- [ ] Schuh
- [ ] schon
- [ ] wäscht
- [ ] Salat

F. Jansen, U. Streit, A. Fuchs, *Rechtschreiben lernen 1 nach dem IntraActPlus-Konzept*

bunt

alle

lesen

liest

liebt

Brief

Biene

hier

Lektion 15
Lernschritt 2

Hier ist eine Biene.

Die Biene ist klein.

Sie liebt bunte Blumen.

Hier ist ein Brief.

Susi liest den Brief.

Alle lesen deinen Brief.

Hier ist eine Biene.

Die Biene ist klein.

Sie liebt bunte Blumen.

Hier ist ein Brief.

Susi liest den Brief.

Alle lesen deinen Brief.

Du hast ☐ Wörter richtig geschrieben.

Kreuze auf der nächsten Seite die Wörter an, die du noch einmal üben solltest!

☐ bunt

☐ alle

☐ lesen

☐ liest

☐ liebt

☐ Brief

☐ Biene

☐ hier

schlafen

schläft

schläfst

liegen

liegt

liegst

Bett

neben

Abc

Du liegst im Bett.

Du schläfst.

Ich liege auch im Bett.

Ich schlafe aber nicht.

Mein Hund liegt neben mir.

Er schläft gut.

Du liegst im Bett.

Du schläfst.

Ich liege auch im Bett.

Ich schlafe aber nicht.

Mein Hund liegt neben mir.

Er schläft gut.

Du hast ☐ Wörter richtig geschrieben.

Kreuze auf der nächsten Seite die Wörter an, die du noch einmal üben solltest!

Lektion 16
Lernschritt 5

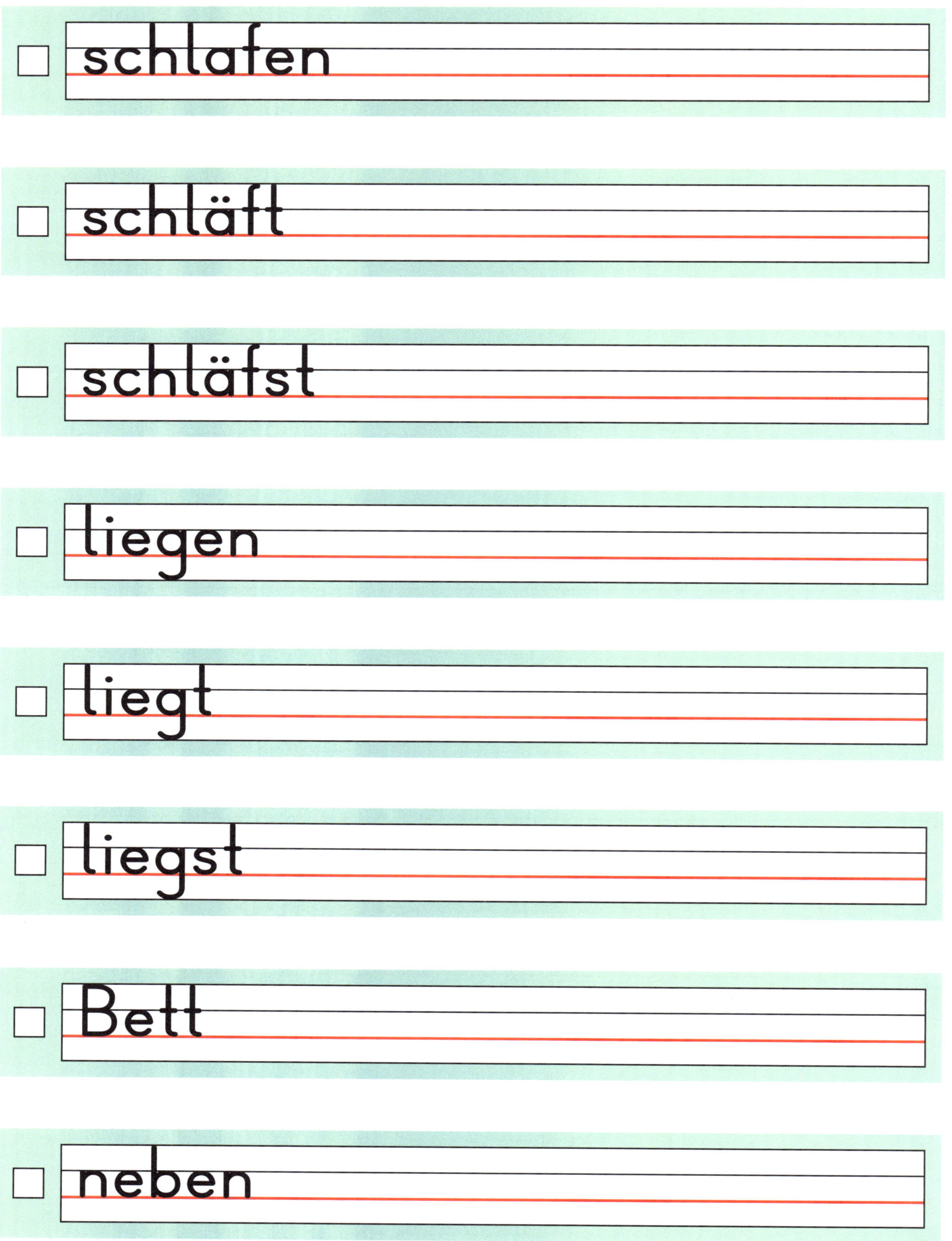

F. Jansen, U. Streit, A. Fuchs, *Rechtschreiben lernen 1 nach dem IntraActPlus-Konzept*